JN409013

귀를 씻다

김청수 시집

시와사람

김청수 시집
귀를 씻다

2023년 7월 15일 1쇄
2025년 5월 15일 2쇄

지은이 | 김 청 수
펴낸이 | 강 경 호
인쇄·기획 | 도서출판 시와사람
등 록 | 1994년 6월 10일 제 05- 01- 0155호
주 소 | 광주시 동구 양림로119번길 21- 1(학동)
전 화 | (062)224- 5319
팩 스 | (062)225- 5319
E-mail | jcapoet@hanmail.net

ISBN 978-89-5665-679-3 03810

값 12,000원

공급처 ■ 한국출판협동조합
경기도 파주시 탄현면 오금로 30
주문전화 (02)716- 5616, 070- 7119- 1740

귀를 씻다

■ 시인의 말

山門에 들어 묵언하는 밤이 많다.
새벽 종소리에 깨어
암자 산책을 하다보면,
나무와 꽃과 풀잎이 부처 아닌 것이 없다.
무슨 佛緣으로 나는 여기에 왔는가.
詩를 짊어지고 海印의 바다를 건너고 있다.
홍류동 계곡에 앉아 있는 시간이 길다.

2023년 初夏
해인사 籠山亭에서
김청수

귀를 씻다/ 차례

2 이팝 솥

3 만월

4 저물어 피는 몸꽃

|작품론|

1

귀를 씻다

귀를 씻다

팔공산 어느 암자에서 붉은 녹을 덮어쓰고
가슴에 멍이 든 채 앉아있는
철제 여래좌상을 오래 바라본 적 있다

실타래처럼 뒤엉킨 인생길에
웃음을 간직하며 희망을 잃지 않고
나를 다독이며 살아간다는 건

날마다 바람에 귀를 씻고
강물에 귀를 씻기 때문이다

오늘도 나를 닮은 부처가 강물에 오래 귀를 씻는다

동자승

매화꽃 동안거 하다
올망졸망 동자승
가부좌로 앉았다

오늘 아침
연화대蓮花臺에 앉은 전생을 본다

부처 아닌 게 없더라

천년 고목에 보름 달빛이 촛불처럼 걸렸습니다
山門에 들어 묵언하며 지낸지도 달포가 지나가고
그렇게 겨울의 끝자락에서 다시 새 봄을 만났습니다
산새 노랫소리에 새벽 아침을 열고 솔숲에 들면
세상에 다 드러내놓고 말하지 못하고 살아온
삼십 년 세월의 가슴속 보따리를 풀어 계곡물에 철철 흘려 보냈습니다
산길에서 만나는 모든 풀잎과 돌잎들이 부처 아닌 게 없다는 걸 알았습니다

무덤

공양간에서
밥을 고봉으로 담아 내 놓았다

지나가던 노스님 말씀

야야! 그 무덤 같다

절반쯤은 극락이다

홍류동 물속에는
붉게 풀린
여자가 있다

천 년을 한결같이
저 산에 미쳐
예까지 왔구나

해인사 선방 앞에
알몸으로 좌선하는
홍단풍 한 잎

법기암의 약사여래불

신라 천년의 꿈속에서
누가 정을 쪼아 생生을 불어 넣어
석불石佛로 태어났다지요
잠시, 길을 잃어 한양에 머물렀다가

한양에서 신라로 다시
가야산의 산새 울음 호젓한 800고지 능선에
대자대비의 석불石佛은 가부좌를 하고
소원 하나 꼭 들어준다는 일념으로
당신 앞에 눈 감은 합장으로 줄지어 서는 중생들을
측은지심으로 굽어살핀다지요

당신의 용안容顔에 점안식 하는
고요와 적막을 깨우며 깊은 영감을 안겨 주었던
형용할 수 없는 환희의 그날
하늘 구름 사이로 만다라, 만다라 꽃, 붉게 피었다지요
오늘은 산을 넘어온 아침 해가
당신 이마에서 한층 눈부십니다

불두화佛頭花

마당 한 귀퉁이
한 여인이 울고 있어
누구냐고
묻고 싶었으나
조심스러웠다

초록 치마,
비바람에 휩쓸리며
오체투지로 버티고 있었다

허연 머리 풀어 헤치고
고개 숙인 채,
어느 전생의 곡비哭婢소리는
길을 잃어,
길을 찾고 있었다

초록경草綠經

나무의 몸 안에서
부끄럼 없는
당당함의 물소리

코로나19 사회적 거리두기로
산에 올랐지만
아! 이 허허로움이란

초록은 속살을 밀어내며
경전을 펼쳐 놓고
바람은 자꾸 내 등을 떠민다

쉰다섯 그런 허망의 봄날에는

좌선하듯,
초록경草綠經을 읽는다

바람의 전언

미팔군 후문 골목길을 걷다
골동가게 진열장에 비스듬히 턱을 괸
반가사유 좌상에 발길 오래 머문 적 있다

전깃줄 앉은 까마귀 북쪽으로 날아간
허공의 길, 바람의 혀는 차가웠다

깊어가는 그날 밤
문지방 넘나드는 예언처럼 보내는
적막의 검은 그림자에 등을 기댄 채

시공을 넘나드는 바람의 전언 속으로
내 영혼을 깨우는

전생의 부처가 가부좌로 앉아 있었다

몽돌

보름달 밤
보리수나무 아래
둥글게 몸을 말고
좌선한 채,
전생의 업보를 닦고 있는
몽돌을 본 적 있다

내 가슴에도
인忍으로 새긴 사리가
몽돌처럼, 모질게 자리 잡아
가끔,
몽돌이 달빛 아래서
흐느껴 울 때 있었다

때론 풍경이 슬플 때도 있다

산골의 작은 절간에 첫눈이 사뿐사뿐 내립니다

동자승은 점심을 먹는 둥 마는 둥
마음은 함빡 눈에 빠졌습니다
추운 줄도 모르고 눈을 맞으며 술래잡기할 때
산골은 순식간에 순백의 양탄자가 펼쳐집니다

아이는 하늘만 보면 떠났던 고향이 생각나
눈 속에서 잠시, 잊혔던 기억을 더듬지만
첫눈도 산골에서 갈팡질팡 길을 잃어
풀풀 흰 눈으로 날립니다

아이는 홀로 울어
함빡 눈을 핑계로 눈이 눈 속으로 들어
눈물이 난다고 자꾸만 스님께 떼를 씁니다

글썽이는 마음아!
누가 너를 여기까지 오게 했던가
절간에서 법문이란
처마 밑 고드름 같은 것이다

용연사 두꺼비

신록이 짙은 6월
적멸보궁 돌계단 올라가다보면
두꺼비 한 마리
법문 듣고 있다

전생의 업으로는
어디로도 돌아갈 수 없는
길 위에 앉아,
목탁 소리 듣고 있다

묵시의 저녁을 내려놓은 순례자처럼

용연사 깊은 그늘,
화엄 속으로 걸어 들고 있다

황등을 밝히고

수양살구 환하게 황등을 밝혔다
담 너머 늘어진 가지사이로 노랗게 익어
어떤 놈은 일찍부터 땅으로 뛰어내리고
길을 가는 사람들에게
한 끼 공양을 내어준다

벌, 나비 떠나간 자리에
따가운 봄 햇살도 아랑곳없이
가부좌로 앉은 마음이여,
나도 한 가지에 척,
무념無念의 마음으로 앉고 싶다.

선운사 동백꽃

전생의 업보는
저렇게도 붉어
동백은 밤을 새워 경전을 펼치고
입이 부르트도록
엄마를 부르고 있었다

찰나의 바람 앞에
목을 꺾고
붉은 피를 토하며
열반에 드는
저, 큰 깨달음

소쩍경經

새벽 허공을 향하여

소쩍새가
자시에 읽는
경소리는 구슬프다오

이산, 저산
애절한 경소리는

내 업의 소멸을 위해

일억 오천만 년 전,
전생에 가장 즐겨 읽었던
소쩍경 이였네

새벽, 불같은 화두話頭였네!

거룩한 탄생

향나무 법당,
창문을 열어 둔 채
끼니도 거르고 묵언수행에 들어
식탁에는 빈 의자와 빈 접시만 놓여 있고
분홍 발가락은 교대로 품을 팔며
허공에서 목숨 줄을 탔다

입하 지나 부화를 꿈꾸는 멧비둘기

보살이 알을 품던 법당,
간절한 화두가
깨어지고 열리는 날
법당 앞을 지키던
네눈박이 개는 놀란 눈으로
왈!왈!허공으로 법어를 쏟아내며
거룩한 탄생을 알렸다

어탁魚拓

파도에 흔들리며
바다가 키운 비늘은
산의 메아리고

한지위에
수묵水墨이 펼쳐놓은
안개 쌓인 산봉은

천년이 흘러도
변하지 않는
큰 산의 그림자

별빛경전

별빛,
쏟아지는 새벽

소나무에 앉은
부엉이가 읽는
독경 소리

문득,
올려다 본 중중무진의 화엄바다

어사화 개론

몸이 정신을 잃고
정신이 몸을 잃어버린
온통 붉은 멍으로 두들겨 맞은 날,
주워 담지 못한 시간
숨기려 해도 심장에 쌓여
허공을 뛰어내린 절규,
흔들리며 쏟아버린 저 붉은 낙화

노구老軀에서 흘러나오는
다라니경처럼
옹기종기 꽃으로 활짝,
피었다, 진다
법기암 어사화 보살들
오늘은 몸 꽃으로 진다

섬에서 부치는 편지

어젯밤
밍크고래가 덮었던
초록 이불

갈매기 떼 날아 와
바쁘게 다림질 해 놓고
날아간 아침

그리움을 안고
수평선으로 떠 있는
섬에서

푸른 책장을 넘기며
답신 없는 편지를 쓴다

안부 도시락에 관한 이야기

몇 가마의 안부가 옮겨지자
자동차 안 공기가 따뜻해지기 시작합니다

안부는 오는 게 아니라 다니러 가는가봅니다
굽은 들판도 지나고, 좁은 골목길도 지나고
낮은 지붕도 높은 지붕도 지나
해와 비바람과 햇볕들이
안부 도시락 속에 옹기종기 들어앉아
이웃에게 웃음을 전해주는 장면입니다

털목도리와 모자를 눌러 쓴 그녀의 자동차가 다시 마을 쪽으로 돌아갈 때
화원이나 현풍이나 옥포나 논공이나 유가나 다사라던가
혹은 구지나 하빈이나 가창의 안부 소리도
안부가 전하는 웃음소리도 혼자서는 쓸쓸합니다

안녕을 묻고 도시락을 전달할 때 안부는 웃으며
낮은 계절의 모퉁이를 돌아가던 점심 무렵이기는 하였을 것입니다

금호강

죽곡竹谷에서는 댓잎의 바람 소리도
강물 소리도 시처럼 들린다

비둘기 날갯짓 같은 구름이 시처럼 날고
해묵은 전설의 강물이 윤슬로 반짝이는

하늘 은혜에 감읍해 귀가 열린 죽순竹筍이 뿔처럼 자라
울창한 숲으로 변한 댓잎 소리길,*

역마살로 뒤척이며 흘러왔던 금호강물도
오늘은 바람이 읽는 시경詩經에 귀가 순해진다

* 댓잎 소리길 : 대구광역시 달성군 다사읍 죽곡리 강창교 다리 아래 대나무 숲길이 1.2km 조성 되어 있다.

황포의 강

황포강, 윈즈크루즈호 창가에 앉아
가끔 별빛 같은 기침을 하며
술로 목을 적시며
소녀의 눈썹 같은 초승달을 올려다봅니다

꽃처럼 피어나는 입술 접시에
무수한 이야기 안주 고봉으로 담겨 나오고
건물과 건물사이 황홀 새 날 때
그 뒤를 쫓아 느린 강물 위를
수많은 혼령魂靈들 떠돌고

침묵 속 길고도 느린 결 따라 흘러가며
내게 누구냐고 어디서 왔느냐고
이름도 묻지 않는 그날

강물과 별빛 바라보며
출렁이는 물속, 책갈피에 쓰여 있는
비밀의 문장을 해독하는
우수에 젖은 한 여인!

화려한 외탄, 야경 삼매에 빠져
강물처럼 속살이 깊어 슬퍼지는
황포의 밤

당신이 당도한 낯선 그곳이 부디,
내가 꿈꾸던 화엄華嚴처럼,
샛별처럼 빛나기를……

부처

산사를
찾아다니며
이 부처 저 부처를
찾지 않는다
내가 찾는 부처는
뜨거운 내 가슴에 있다

2

이팝 솥

이팝 솥

다리목마을 200년 된 이팝 솥에는
해마다 흰쌀 몇 가마쯤 밥을 안친다

주름진 공양간의
한 백 년 등이 굽은 늙은 의자에 기대어
만찬을 함께 즐겨도 될까요

쌀이 부족하고
배고픈 시절이 있었어야
그때는 아주 힘들었지만
뒤돌아보면 기적이야

그 꽃을 배경으로
백의민족이 살아 온 길이 있었지

오월, 어머니가 차려놓은 고봉의 밥상 앞에
저, 눈부신 백발의 파안대소破顔大笑

호텔에서의 무단취식

백중날 아침,
모과는 항수 뚜껑이 열린 채 대롱대롱 매달려 있었다

나뭇잎과 가지 사이를
아찔하게 걸어 온 한 끼 식사와 만찬의 흔적들
먹고산다는 것이
공중그네를 타는 위험한 생이지만

밤새,
모과나무 호텔의 초록을 다 갉아먹고
삼보일배 송충이가 지나간 자리의 까만 염주 알들
오체투지로 지나간 길에는 서까래만 남겨져 있다

안개 속 하늘 대문 열리자
특별 칸 물침대 1.8L에 송충이를 태워 보내고
쌍검을 버린 반백의 광운光雲 검사劍士가
말을 타고 해인사海印寺로 달린다

오래도록 지워지지 않는 그날 밤 새벽,
귓가에 쟁쟁한 다라니경 소리

그놈을 놓치고 말았다

밤이슬 밟고 담을 넘던 그놈,
어젯밤은 너무 어두워 놓치고 말았다

그녀의 부드러운 속살을 애무하며
팬티를 벗기던 그놈,
오늘은 현행범으로 붙잡아
자백받기 위해 물속에 처넣었다

고개를 이리저리 쳐들고 발버둥 치며
얼마나 신출귀몰하던지,
잠시, 한눈을 파는 사이
초승달 숲속으로 도망을 쳤다

한두 번 해본 솜씨가 아니야
낮에는 절대 나타나는 법이 없어
당분간 잠복근무라도 해서
내 손으로 꼭, 처단해야지

배추 주점에서
밤마다 어슬렁거리며

조금씩 영역을 확장해나가는
달팽이 건달 놈과 신종파 송충이 조폭들…

해인사

능소화 붉은 그늘 아래,

풍경소리 등에 업고
꼬리가 긴
새 한 마리 날아든다

담 너머,
바람이 다녀간 길 따라
무량한 푸른 그리움의 넝쿨사이로

수도승처럼 앉아 법석을 여는 붉은 얼굴들…

오늘이 환히 빛난다

사문寺門에 들다

우르르 몰려온 사슴 가족
슬픈 얼굴로 철망 밖, 나를 본다

무슨 말을 걸고 싶은
저, 한량없는 깊고도 맑은 무량의 눈빛

침묵이 흐른다

한 마리 두 마리
풀리지 않는 슬픔의 눈방울은
등을 돌리고 간다

전생의 한 순간이 휙 지나간다

유등연지

구름이 산과 맞닿아
비를 뿌리면

쉼 없는 물동이를 이고
유등지 채우는

분홍, 분홍의 낭자들

오늘도
진흙 속 맨발로 서서

당신의 분홍 편지를 읽는다

처서處暑

햇살 맑은 오후
붉은 고추잠자리
날개의 포쇄*를 시작하는데
숫 잠자리 날아와
암놈의 목을 낚아챈다

사랑이란 저렇게,
몸과 꼬리를 붉게 달구어
뜨겁게 불타는 것

사랑은 또 저렇게,
배꼽에서 일체가 되는 것

*포쇄 : 여름 장마에 눅눅해진 옷이나 책을 햇볕에 널어 말리는 것.

밥상

새들은 나무의 초록 지붕 아래서
잠을 자고, 밥을 먹고,

마당 꽃밭 귀퉁이 햇살 먹은
노란 꽃들이 차려놓은 밥상 앞에서

벌도 머리를 박고
공손히 밥을 먹는다
어젯밤에는 만삭의 보름달도
구름 밥상 앞에 앉아 잠시,
생각에 잠기어 쉬어 가고

새와 벌레뿐 아니라
나무와 꽃들 모든 중생에게도
밥이 보약이어서

우리 집 텃밭에는
언제나 초록의 보약 밥상이
풍성하게 차려져 있다

봄비

늦은 밤,
축복처럼 봄비가 내리는데
비에 흠뻑 젖은 아이가
현관문 앞에 앉아 울고 있다

자식도 내질러 놓고
버리는 세상에
죽이지 않은 것만도
천만다행이다

인간 구실 못하는
개 같은 사람들이
버리고 간
강아지 한 마리

축복처럼 우리집에 와
'봄비'라고 이름지어 주었다

차마 물을 수 없는 안부

담양 수해복구 현장을 다녀온 날
어미 개가 땅바닥에 배를 깔고 헐떡거린다

숨 막히는 폭염 속에서
강아지의 돌아누운 어둠이 따뜻하게 전해온다

내 손에서 천천히 식어가는 인연들
폭염이 출생의 비밀을 삼켰다

그날 밤 별들이 초롱초롱 매달려 안부를 전해 왔다

며칠 지나자 퉁퉁 불어있는 어미 개의 배에서
젖 비가 뚝뚝 떨어져 내린다

차마 물을 수 없는 안부에
눈시울이 붉다.

11월

늦가을 서리 총각이
대추나무 처자를 몇 번 겁탈한 새벽녘
훌렁훌렁 옷가지가 벗겨진 채
밤을 새운 붉은 아이는
알몸으로 앉아있었다

어지럽게 흩어진
팬티 쪼가리 밑으로
노숙의 야옹이 한 마리
추위에 떨고 있고

파란만장 오갈 때 없던
청춘의 내가 법을 만나 빛나는 저 눈빛,
좀, 보소!

시린 바람 앞에
야옹 선사 선문답으로
쫑긋쫑긋 귀를 세우고
쓸쓸히 말을 걸 때

야야! 밥은 묵어야 산다.

방房

방 안에는 물소리가 난다
창밖에는 연초록 잎이 돋는데

어둠이 지상의 모든 잠자리를
어루만지는 봄밤

내가 있는 방안에는
백옥의 달항아리 졸고

초록의 이불 속에는
바람에 흔들리며
철 이른 보리수 열매가
시를 쓰고 있다

강가에서

어둠이 내린 강가
백로 한 마리 낮게 날고 있다

둘레 길을 따라 만보를 걷는 동안
홀로 오늘 밤 잠자리를 찾고 있는 듯
백로가 여기저기 기웃 거리며
갈대밭의 초인종을 누르고 있는 중이었다
노숙한 자들만이 느낄 수 있는
이윽고 저 고단한 하루의 노동을 쉴 수 있는
낡은 여인숙에 드는 걸 보았다

순간, 쓸쓸한 가을날 청춘의 스크린이
영화처럼 눈앞에 펼쳐졌다

오늘도 고단한 하루가 지나간다

저녁 강가에 핀 활짝 꽃

달맞이꽃의자에
여름 아이들이 앉아있다

처서處暑가 안녕이라고 말하자
아이는 첨벙첨벙 강 건너, 바람을 따라갔다

하늘에는 한 번도 가본 적 없는 구름 모델들이
잠꼬대처럼 둥둥 바람에 떠밀려가고

바람이 나무를 흔들자 나뭇잎 같은
새 떼들이 재잘재잘 밥 끓는 소리를 낸다

머리에 꽃 한 송이 꽂은 그대를 꽃순이라 부를 때
저녁 노을이 환하다

지천명知天命, 당신 얼굴에 활짝 꽃이 핀다

이중섭
– 황소

황소, 눈 속에는
서귀포 태풍전야颱風前夜 파도가
화엄華嚴으로 출렁이고

아랫도리 불알은 중섭의 혼과 함께
탱탱하게 종소리로 매달려 있다

힘찬 발길질로
저, 뿔 세운 고독 앞에

외로운 전진은 들이받을 기세다.

허공을 건너온 쓸쓸한 가난이
갈빗대 박력迫力의 피리 소리로 흐느낀다.

별빛 역

자동차를 타고 와 도란도란 이야기를 나누고 가는
오토바이를 타고 와 잉어를 잡고 놀다가는
모래사장에서 족구를 하고 가는
자전거를 타고 강가를 달려가는
메뚜기를 잡고 놀다가는
누군가는 우수에 젖은 눈으로
벤치에 앉아 그리운 이에게
전화를 하고 가는

가난 속에서 꿈을 찾아
이역만리 날아온 수많은 이방인들
다산주물공단에서 노동의 형제로 만나

오늘은 캔 맥주 하나씩 마시고
마음속 이야기보따리를
별빛 역에 풀어 놓고

별들은 오래 떠돌다, 잭슨의 흉내를 내다가
몸이 먼저 지쳐 저녁이라는 춤 속으로 걸어가는

솔거미술관

〈붓끝 아래의 남산〉 전시회에서
20m가 넘는 설경, 남산과 금강산을 바라본다

검은 먹물은 무거운 듯 가볍고
설경은 가벼운 듯 무겁다

천지가 눈뿐인 화폭에
소나무 가지마다 아슬아슬하게
눈이 쌓여 있었다

붓 한 자루 호미로 삼고일평생, 엎드려 밭 매듯이
화두 하나 던지고 대작을 완성한 박대성 화백,

끝내,
팔 하나는 어디 두었냐고
물어보지 못했다

외로운 사람들의 영혼 속에
눈꽃으로 피어 있는 그림자의 뒷모습을
나는 눈 쌓인 소나무 아래서 보았다

양귀비 꽃

아침에 무리지어
온몸으로 피워 올린
몸을 바꾸지 못한 환생의 붉은 울음이
허공을 받치고 있다

호박

간밤,
무심으로 텃밭에 앉아 참선에 들었다
별이 쏟아지는 밤
서릿발 수건을 머리에 두르고
밤을 새운 할머니
하룻밤 사이
슬하의 식솔들 폭 삭,
주저앉았다
경자년庚子年,
코로나19로 어영부영 하다
나라꼴이 딱!
그랬다

쉬바 수트라

황매산, 역전가는 길가
벌 아이와 나비 아이들이 머리를 처박고
꿀 발린 엽전을 앵벌이 하고 있었다
운무雲霧 열차가
짙은 안개 속으로 들어갔다 나올 때
잠시, 삐거덕거렸지만
기관사는 별 무리 없이 무사히 운행을 마치고
이오가以惡家역에 정차하였다
019호 열차가 연료통 채우는 동안
강 건너 산골마을 알전등에 불이 켜지고
종착지 대가야 역을 향하여 속력을 높였다.
개찰구가 가까워지자 27킬로의 속도로
7번 개찰구를 빠져나온 그 시간
이오가 시담詩談의 신선놀음도 이 쉬바 수트라를 얻고
우주 안에서 일어나는 모든 것은 꿈일 수밖에……

곡지혈

달콤한 꿀 찾아 환승을 기다리는
초롱꽃 간이역
이집 저집 안부 물으며 숨바꼭질하는
아이들을 붙들어 곡지혈을 달랬다
그 옛날 역 앞 아이들이
동전 몇 닢 구걸하던 깡통 속의 동전처럼
화분花粉을 한 움큼씩 손에 들고
초롱꽃 간이역에서 앵벌이 아이들은
생사生死의 이별을 하고
하루아침에
오십견 통증은 출구도 없는 레일 위에서
온데간데없이 곡지혈을 타고 흘러갔다

아픈 청춘에게

어느 골목길,
식당 앞을 지날 때
우산도 없이 비를 맞으며
발목까지 찰랑찰랑 차오르는 인도를 걷고 있을 때
갑자기 기차 소리에 고기가 먹고 싶고
주린 목숨 줄의 배는 채웠지만
주머니에는 달랑 동전 몇 개
험한 세상 다리를 건너
내가 인질이 되어 잡혀있고
너는 택시를 타고 돈을 구하러 갔지
1시간을 기다려도 오지 않고
젖은 옷이 체온으로 말라 갈 때쯤
너는 휘파람을 불며
젖은 돈을 내밀었지
그날 밤,
비에 젖은 생쥐처럼 컴컴한 골방에서
젖은 화엄의 하늘을 헤엄쳐 잠이 들고
돈이 없어 아픈 청춘에게
나는 용서를 구했다

3

분꽃

대견사에서

봄이 왔다는 전갈에 비슬산 올랐네
봄비에 분홍은 젖어 있었네
가만히 앉아
먼 산봉우리 바라보니
하늘 길 따라 우리 엄니,
분홍 치맛자락 휘날리며 다녀가시네

보름달

가야산
걸터앉아
무량법문 하시는

저, 어머니의
통통히 물오른 가슴에
안기고 싶다

몽유夢遊 같은 안부

물고기가 열어 놓은 창문으로
붉은 태양이 세수할 때
그리움을 물고 새 한 마리 날아간다

어머니는 밤을 새운 고통 속에서
얼굴도 모르는 동생을
세상 밖으로 꺼내어 놓고

풍선의 바람처럼 빠져나가는 멈출 수 없는
붉은 혈血을 방바닥에 쏟을 때
할매는 마른 수건으로 닦았다

아침도 굶고 학교 간 형은
온종일 책상에 앉아
붉은 노을만 책상위에 그렸다

나는 울다가
할매의 마른 젖을 물고 잠들고

오늘도
붉게 반짝이는 강물에
엄마는 얼굴을 씻고 간다

따뜻한 꿈

대프리카 사막,
입추의 소낙비가
열대야를 식혀주는 밤

오랜만에 부자父子가 마주 앉아 차를 마십니다

꿈속에서
아버지가 따라주시던
맑은 찻물 소리

그러나 당신은 너무 먼 곳에 있습니다

먼지 쌓인 상자를 열었는데

무거워서 들리지도 않는
언제 포장 되었는지도 모르는
상자를 창고에서 발견하였다

둘둘 말린 신문지를 풀자
기억도 가물한 스물다섯의 아침 바닷가 몽돌이
파도에 쫘르르 쫘르르 구르며
갈매기 울음소리와
비릿한 바다 냄새, 거센 풍파 지나간
내 청춘의 땀방울과 발자국을 등에 업은 거북이가
긴 잠에서 깨어 나왔다.

얼굴도 모르는
누이동생이 끝없이 펼쳐지는
포말의 바닷가에 앉아

소녀의 눈물이 된 슬픔도 함께 따라 나왔다

만월

풀벌레
목탁 소리가
깊은 가을밤

탑 이불을 덮고

가다 쉬다
만월이 되신
어머니

빙그레 웃으시며
무정설법無情說法 하시네!

탑

잠깐의 봄을 지나,
앞산 자락길 올라가다 보면
여기저기 죽순처럼 크기가 다른 탑들
바람에도 걸리지도 않는 가슴을 안고
서로가 서로에게 기댄 채,
한 몸이 되어 있다

무슨 말 못할 사연들로 쌓은 탑들이
저렇게도 많을까
나는 그 길을 따라가다
울퉁불퉁 살아온 세월 앞에
가부좌를 하고
잠시, 탑이 되었다

천도재薦度齋

코로나19로 닫혔던,
해인사海印寺 산문山門이 열리던 날

동생과 엄마를 위하여 천도재를 올렸다
동생이 세상에 태어날 때
엄마는 하혈이 멈추지 않아
통증에 흔들리며 병원 침대에서
마지막까지 검붉은 꽃 뭉텅뭉텅 피워놓고
빈 가죽부대처럼 누워 있었다

그 비릿한 향기가
천상의 향기라는 걸 아무도 몰랐다

얼굴도 모르는 동생은 젖배 곯다 엄마 따라갔고
나는 울지 않았지만 봄날은 눈물 대신 꽃비를 뿌렸다

배고파 할머니 빈 젖통을 빨 때
측은지심惻隱之心의 젖은 눈빛

신묘장구대다라니와 금강경을 독송하며
위패에 눈길이 머무르는 순간,
묘한 기운의 바람이 앞을 지나갔다

하늘위로 반야용선 같은 구름이 둥둥 떠 있고
언젠가는 우리가 함께 만나야 한다는 사실을
이 또한 지나가야 한다는 사실을

백중*

가야산 해인사 법기암 다녀온 백중百中날 밤

현관문 앞에
절간 우물가에서 본 부용화를
어머니는 한 아름 안고 신혼의 얼굴로
백년손님처럼 서 계셨다

정원의 분꽃 속에는
얼굴도 모르는 동생이
어머니 젖 냄새를 맡고 잠들어 있고
백중날 잘 가라고 손 흔든 사람은 분명,
콩밭골 샘에서 맑은 물 길어 올리던
어머니 기미실 댁이 맞았다.

절에서 차려준 천신薦新의 밥상,
묵기는 묵은 모양이다.

＊백중百中 : 7월 15일로 백종百種 · 중원中元, 또는 망혼일亡魂日, 우란분절盂蘭盆節이라고도 한다. '백종'은 이 무렵에 과실과 소채蔬菜가 많이 나와 옛날에는 백가지 곡식의 씨앗[種子]을 갖추어 망자의 혼을 위로하기 위해 제를 올리고 머슴을 쉬게 하는 날이다.

첫눈

어느 겨울밤
성당 뭇이 보이는 예배당에 앉아
우리는 서로의 사랑이 되고 싶었다

하늘에 맹세코 부끄러움 없는,
두근거리는 가슴속에
하늘의 별빛 같은
사랑이 되고 싶었다

첫눈 내리면
예배당 앞에서 만나자던 약속을 하며
헤어졌지만 지금,
첫눈이 내리고 있다

그 소녀가 그립다

청개구리

청개구리 한 마리
비에 젖은 유리창을
타고 오른다

내 청춘도 그랬다

허공 같은 유리창에
전생을 의지한 채

아슬아슬
그네를 타며
여기까지 왔다

맨드라미*

아무도 찾지 않는 골목길
수수한 입술들이 쏟아내는 이야기보따리
어머니 구름치마가 붉은 해를 따라
낡은 바람 소리로 펄럭이고

액자 안에 가둘 수 없는
피 흘리는 혓바닥을
담장너머로 붉게 엎질러놓고
맨드라미는 마지막 불꽃으로 타올랐다

두엄더미처럼 숨죽이며 살아온 세월
어머니 입속에
거칠한 혓바늘이 돋아
바람이라도 쉬어가는 날

어머니는 동자승을 등에 업고
내 어린 날 이마의 흉터를 핥고 있었다.

*맨드라미 : 박희욱 화백 〈幻,풍경을 품다〉 수성아트피아 호반갤러리 화폭에 그려진 100호짜리 작품.

거미

내 몸에서 키운 붉은 꽃,
가창 상원리에서
뚝, 뚝 떨어진다

도시의 낯선 땅을 밟고 어느 도로에서
나는 손수건으로 붉은 꽃을 묶었다

중복中伏 지나, 사랑의 빨래방하는 그날
왼 손가락 중지를 꽃잎 감싸듯
검은 실로 몇 코의 매듭을 묶었다

의사는 주사와 처방전을 내렸다
대프리카 사막을 횡단하며
맑은 물 오아시스를 찾는 보름 동안 병원을 드나들었다

매듭을 풀어내자 붉은 꽃 떨어진 자리에
살찐 거미 한 마리 붙어있었다

시의 탯줄

강가에 저녁이 내리면
고라니의 애틋한 울음소리가 몇 개의 논과 밭을 건너서
마을까지 들려온다

김동원 시인의 「오십천」을 읽다가 올려다본 밤하늘
초롱초롱 간곡한 울음이 별빛으로 매달려있다

형은 만날 때마다
지극한 마음으로 시를 쓰라고
그 정성이 하늘에 닿도록,
내 심장에 펌프질했다

나는 가난한 시인이 되지 않기 위해
밤낮으로 시의 탯줄은 붙들고
엎드렸다 누웠다 몇 번을 뒤집다
아침 강가에 나가보면
한 생生이 귀를 쫑긋 세워 갈대밭을 뛰어가고
그 사이로 죽음이 편안히 잠들어 있었다

한파에 놀란 꿩 몇 마리
울음 같은 시의 탯줄을 물고 날아간다.

봄날의 시

홀로 길을 걷다

필까말까 망설이는

꽃 앞에 서서

당신이 말을 걸 때

꽃은 시가 되어 핀다

백발과 청바지

대가야에서
푸른 하늘을 이고
길 나선 청년
반세기 동안
시와 함께 살았다

오늘은
허연 구름
머리에 이고
팔공산에 서 있다

이보*는
하늘을 품고 바람 앞에
오늘도 낱말을 먹으며

청바지에 백발로 서 있다

*이보 : 문무학 시인 자호.

詩를 쓰라고

누군가 부르기에
새벽잠을 깬다

빼꾹 빼꾹
벌써, 봄날이 간다고

저, 맑고 청아한 소리로
목이 터져라

밤새도록 빼꾹 빼꾹
詩를 쓰라고

일장하몽

자정 무렵에 사람은 왜 죽느냐고 물어볼 때
굳이 이 밤에도 누군가는 태어나고 있다

아침이 밝자,
우리는 망자를 뒤로하고
산 사람은 살아야 한다고
밥상 앞에 둘러앉아
아무 일 없는 듯
천 길의 낭떠러지로 밥을 배달시키고
그를 떠나보내기 위한 이승과의 영원한 이별을 고한다

불 들어갑니다. 어서 나오세요,
불 들어갑니다. 나오세요,
어서 나오세요.

한 줌의 재가 일장하몽一場夏夢같은 부재不在를 알린다

4

저물어 피는 몸꽃

저물어 피는 몸꽃

여든을 넘긴 장 선생의 양 손목에서
검은 멍 자국들을 내려다볼 때
가야지, 가야지 빨리 가야지 세상 많이 안 살았나!
통증이 발가락을 타고 복숭아뼈를 타고 무릎까지 올라
다리가 아파 걸음을 잘 못 걷겠다

범관 선생!
이 늙은이 안부 궁금해 찾아줘 고마워요
이승과 저승의 말씀들을
밤이고 낮이고 꽃 피우며 야위어가는 몸
조금씩 희미해지는 기억을 붙들고
제발 내일 아침에는 눈뜨지 말아야지 기도하지만
아침에 살짝 눈 떠보면,
오늘도 안 죽고 또 살았네!

나이 먹으면 죽어야 할 건데, 죽지도 못하고
자고 나면 핏줄이 하나씩 터져 꽃이 핀 기라
내사 몸 꽃이라 안 하나

신 춘곤기

참꽃 피는 춘사월
코로나19 신종바이러스
몽환의 시간이 흘러
지구별의 생태계는
잠시, 되살아났고

보릿고개보다 더 배고픈
이제 막, 코로나고개 넘어
지금껏 누렸던 호사는 마스크로 막고
2m 안전거리를 두고
경계선에서 살라하네

모든 것은 목구멍으로 통한다는
한 숟가락의 밥,
지구별 저 끝에서
오늘도 굶어 죽어간다

헌화
- 세월호에 부치는 편지

겨울을 건너,
민들레 노란 리본을 가슴에 달고
빗방울에 젖는 여기는 남쪽입니다
밤새,
꿈결처럼 기적이 일어나길 기원했지요

비바람 앞에
매화나무는 맨몸으로
하얀 얼굴의 아이들을 등에 업고 돌아왔습니다
하나둘 셋… 작은 빗방울에 얼굴을 씻기며
촛불 환하게 타오르는 봄밤,

저마다 가슴에는
한없이 뜨거운 별이 돋는다

낙타

서문시장 뒷골목허리에 복대찬
낙타 한 마리 지나간다

골병든 몸,
고단한 얼굴로
끙끙거리는 쌍봉낙타

대프리카 사막, 생을 저울질하며
엉거주춤,
비틀거리며 춤추듯이 지나간다

골병이 춤이 된 줄도 모르고

그녀의 립스틱 총알은 어디로 날아갔는가?

간밤, 요단강을 몰래 다녀온 그녀의 말문이 닫혔다

남산병원 9호 특실, 막 우주에서 떨어진
육체와 정신이 분리되어
망각의 늪에서 흔들리고
이글거리는 눈빛으로 말을 건네 보지만
소통되지 않는 저주파 언어言語는
옹알이가 되어 흐른다

저,떨리는 손으로
립스틱 총알은 어디를 겨냥했는지
자력문自力門을 붙들고
머리를 삭발한 채
립스틱도 지우고, 눈썹도 지우고
서서히 영혼을 잠식당해 반쯤은 지워져
한 생을 증언하는

아름답던 로즈윈, 수의 같은 옷을 입고
눈웃음 대신 젖은 눈방울로 홀로 저물어
그냥, 물 한 모금 머금고

잡고 있던 손을 놓고 뒤돌아서 나올 때

왠지, 자꾸만 붉어지는 눈시울
그녀의 립스틱 총알은 어디로 날아갔는가?

작별의 귀의처 1

동서남북, 공사판 일자리 찾아 돌아다닌 지
삼십 년이 넘었다던 문곡 시인
담배와 막걸리를 보약으로 알고
밤낮으로 챙겨 먹던……
어느 날부터 기침도 잦고 몸도 옛날 같지 않아
평생 병원 문턱에도 가보지 않던 노가다 십장이
의사로부터 청천벽력 같은 소리를 듣는다

폐암 말기에
간으로, 어깨로 세포가 전이 되어
수술도 할 수 없는
삼 개월 시한부의 인생

한 때는 안동에서 사과 농사를 짓고
잘나가던 시절에는 선거판에 발을 담갔다가
몇 번 고배를 마시고
빈털터리로 고향을 떠나 객지에서
아플 짬도 없이
노가다판 지하 터널에서,
콧구멍으로 들이마신 돌가루만 해도

몇 포대는 될 기라
지금까지 살아온 것만도 고마운 기라
참, 오래 살았다
지금 죽어도 후회는 없다
보약을 삼키듯이
쓴웃음으로 나를 위로한다

깊은 산속에서 들어가 맑은 공기나 마시다가
그날이 오면 가야지
그나저나 자네가 나를 문단에 끌고 다녔으니
뒷정리는 알아서 하게!
나도 모르는 문학을 내게 던져 놓고 떠난다고 했다

작별의 귀의처 2

상현달이 뜨는 초저녁 전갈을 넣었다
시한부 인생 희미한 불빛
단풍이 입고 있던 붉은 옷을 벗어 던지는
등 시린 겨울의 길목
구천 길을 달리다가, 꿈길 속을 걸어가듯
의식과 무의식의 경계의 가쁜 숨결
영혼은 이미 강을 건너고 있었다.

차가워진 심장을
반야용선에 싣고 밤새,
눈물의 바다에서 노를 저었다

흰 두루마기를 걸친 만담꾼이
아지랑이 같은 이야기를
나에게 던져 놓고 손을 흔든다.

가슴에 상현달 다시 떠오르면
새벽길 달려서 온다고 한다.

사과나무를 사랑했던 사람,

하늘에 사과나무를 심고
밤하늘, 별이 되어 별빛으로 반짝거리는
문곡 시인*.

*문곡시인 : 하늘의 별이 된 이세진 시인.

찰나刹那의 삼월처럼

작년 삼월에 입양한 삼월이가 강아지를 낳았다

아비가 어떤 놈인지도 모르는
겨울 한파寒波 몰아닥친 날 아침,
물그릇은 꽁꽁 얼어붙어 있다

새끼의 이름을 한파寒波로 지었다

퇴근 후 강가로 산책하러 갔다가
목줄을 잠시, 풀어 주었다

돌아올 때 다시, 묶으려고 몇 번이나 불러 보았지만
오늘따라 영 말썽만 피우고 요리조리 도망을 간다
옆에 있던 새끼가 어미 대신해 묶였다

어미는 도로에서 사고로 죽었다
찰나刹那의 삼월처럼
죽음이 늘 따라다녔는지도 모른다

어미 잃은 강아지가 애달피 우는 봄밤
잠을 뒤척거리다 마당에 나가 보니
매화 향기를 물고 뒷산을 날아가는 초승달

삼월이 이름을 부르며 삼월을 보낸다.

봄날은 간다

봄날을 푸른 구름이라고 불러야 하나
바람 건너오는 매화 향기에 취해
눈부신 분홍 치맛자락을 보느라
뒷산에 올라 숲과 돌의 가슴속에
발가락을 담갔다가 먼 산 너머 보네

도시는 전쟁의 폐허, 침묵하는 식당들
숨어서 노리는 코로나19
카톡, 카톡, 아가씨가 친절하게
어제도 왔고 오늘도 오네

양성 판정을 받은 환자가
하룻밤 사이 무더기로 쏟아져 나왔네
감기약처럼 몽롱한 31번 확진자
고양이처럼 발자국을 찍고 다닌 말씀 따라

봄꽃들 화르르화르르
세균으로 마른기침으로 번져
고통 받는 이들에게 약이 되지 못하는

창살 없는 감옥의 유배지에서
내가 할 수 있는 일이란,
매화 꽃잎의 법문 앞에 귀를 열고
봄바람에 좌선하는 일

말응디산 봉수지*

고령의 관문인 봉화산 정상 대가야시대 산성이 허물어진 자리, 조선 초기에 구축하여 불이나 연기를 피워 멀리까지 나라의 안위를 전달하는 통신 시설이 갈비뼈처럼 출토되었다 현풍 소산봉수의 신호를 받아 화원유원지 성산봉수로 전달하는 멀리는 서울에서 부산으로 연결되는 부산 가덕도 천성보에서 성주 각산봉수까지 전달하였고 그곳에서 다른 봉수로 합해져 서울로 전달되었다 젖줄처럼 흘러가는 넉넉한 강물을 바라보며 대가야시대 국경을 방어할 목적으로 축조된 산성, 그 옛날 왜구가 출몰하여 기어오르던…… 나는 수백 년 길 속에 갇혀 오늘은 걷고 있다 매일 아침 다리 건너 강 저쪽, 달성에 갔다가 매일 저녁 낙동강 노을 지는 다리를 건너 강 이쪽으로 돌아온다. 대구방면의 신라군을 경계하듯이 산성이 무너지면 대가야 궁궐이 있는 읍내까지 침공당하는 중요한 요충지, 군사들이 마실 원형 집수지가 몽돌과 함께 꿈결처럼 봉수지에서 깨어난 몽돌이 왜구를 잡아 묵고 시침을 떼고 옹돌몽돌 앉아 있다 달빛도 목을 축이는 낙강에서 바라본 저 멀리 신라의 길이 설핏설핏 보이기도 했다. 국경을 무너뜨린 한숨 소리에 막천도재 끝난 말 한 필이 도착했다 넘실넘실 봉수지에 어둠이 내리고 노을도 가야 할 곳을 알고 가야산 천 길 벼랑 아래로 떨어져 내일이면 또 당신에게 당도 할 것이다 산봉에 걸터앉아 바라본 푸른 낙강, 오늘도 변함없이 푸르게 흐르고 사통팔방 길이 나고 그 길 위를 말들은 또 힘차게 달린다 나는 낙동강 초입에 봉화산 바라보며 시궁詩宮을 지어 매일 詩를 피워 올린다

*말응디산 봉수지 : 고령의 관문 봉화산은 높이111m의 낮은 야산이지만 봉화대 봉수지는 대가야와 신라의 치열했던 대립관계를 설명해주는 중요한 유적들이 출토된 곳이다. 말 엉덩이처럼 생겼다 하여 붙여진 이름이다. 고령군 성산면 강정리 3번지에 있다.

깨어난 토제방울

대가야 어느 장인이 흙방울에 새긴
가야 건국신화를 어린아이 무덤 속에 묻고
1500년이 지난 날 타임캡슐을 타고
이야기를 풀어 놓을 줄이야

고령 지산동 고분군 돌덧널무덤에서 출토된
지름 5cm의 작은 토제방울에는
언어 이전의 상형문자가
남성 성기(구지봉), 거북(구지가), 관을 쓴 남자(구간)
춤추는 여자, 하늘 우러러보는 사람
하늘에서 줄 타고 내려오는 금합 담은 보자기
가락국기駕洛國記에 나오는 가야 건국신화를
대가야의 혼을 오롯이 토제방울에
새긴 것은 아니었을까?

딸랑딸랑, 이제는 돌이킬 수 없는
세계문화유산 등재를 위해
지산동 고분군에서 토제방울은 깨어났다

대가야왕릉 헌다례

대가야 500년의 숨결,
세월 속에 잃어버린 역사여
죽음이 살아 있는 듯
어디선가 가야금 소리 들리거든
지산동 고분에서 손을 털고 일어나라

솔바람 소리,
말을 탄 기마병의 말굽 소리가
주산에 메아리치면 왕관을 쓰고 나오시라
태평성대 꽃 피웠던
오백 년 대가야의 전설 같은 역사는
밤하늘 별빛 되어 반짝이는데

주산을 품에 안은 대가야왕릉 앞에
나 오늘,
한 잔의 차를 올리나이다

정견모주여! 대가야 역에 내려라

폭염이 내 몸속 사리로 만든 옥구슬 내놓아라
이마와 목덜미를 후려치고 있다
잠시, 늙은 느티나무 슬하의 문하생이 되어
땀방울을 식혀도 좋겠다
구름이 지날 때를 기다려
詩로 만든 부적 하나 만들어
그놈의 가슴에 슬쩍 붙여 주면
대가야 고분들 영혼이 깨어나
공옥진 병신춤이라도 출지

추우제追友齊 허드렛일 거드는 고지기가
집을 비운 지 오래 되었다지
온 산천이 불타는 날 그놈을 불러 돼지 멱도 따고
폭염의 목덜미도 함께 끌고 와
잔칫상은 차려야지

천지간을 떠돌다
달빛 타고 오실지, 별빛 타고 오실지
어느 바람결 고속철 타고 오실지
정견모주政見母主*를 잘 모시도록 하여라

달빛 아래 대가야 역에서
오늘만큼은 거나하게 취하고 싶구나

*정견모주政見母主 : 대가야의 건국 설화에 나오는 여성 산신.

송해 선생

한 생은 다 지나간 석양 같고
한 죽음이 슬픔을 애도하고 있다

국밥 한 그릇 자시고 편안히 마실 가듯 가시나이까
문상객들은 잘린 국화송이를 차례대로
영정 앞에 올려놓고 머리를 조아렸다

푸른 풀들이 조문객이 되어 앉아 있는 송해 공원,
뜨거운 울음이 이별을 재촉하는 시간

별이 된 송해 선생 영정 앞에서
사람들은 기도를 올렸다

저 푸른 옥연지 창문을 열면
당신 목소리를 들을 수 있을까요

*송해 : 본명(송복희) 2022년 6월 8일 별세했다. 향연 95세. 고인의 유해는 생전에 '제2고향'으로 여기던 대구 달성군 옥포 기세리. 송해공원의 부인 석옥이 여사 묘 옆에 모셔졌다.

바람의 손을 잡고

어둠이 비에 젖는 시간
양귀비꽃 등불을 환하게 내걸고
붉은 입술은 바람 앞에 파르르 떨리고 있었다

태풍 전야,
하이선이 온다는 소식에 디아크 잔디 광장,
당당의 거만으로 서 있던 조각상들
조심스레 하나둘 밧줄로 묶고 말뚝을 박는다

그 헐렁한 강물의 가랑이 사이로
손바닥을 강물에 씻고 돌아온 날 밤
유리창에 내 가난한 詩를 슬픔이 눈물처럼 매달려서
창문을 두드리고 있었다

대추나무는 밤새,
가슴에 품고 있던 새끼들을 하나둘 떨구고
빗속에서
바람의 손을 잡고 떠나간 사람
강산은 몇 번이나 바뀌었지만,
지금도 눈에 아른거린다.

꼭두의 전설

검은 호랑이 한 마리가
흰 소의 등에 올라타 넙죽 받아먹는 황금 가시
나는 대장동 강물에 잠깐, 얼굴을 씻고 사라지는
붉은 혓바닥의 그림자를 보았다

새끼 호랑이 한 마리가
달밤에 황금 가시로 만든 우산을 쓰고
홍등가를 드나들었고
물고 있던 여의주를 강물에 빠뜨렸다

사자使者 심기를 잘못 건드린 밤,
의문의 급사急死
달빛 아래, 발목이 젖은 꼭두의
붉은 혀는 여전히 날름거리고 있었다

불교적 사유를 통한 세계와의 소통

-김청수 시집 『귀를 씻다』

강 나 루

(시인)

1.

인간은 대부분 자신의 세계관을 가지고 있다. '인간다움'을 추구하려 하기 때문이다. 본능보다는 이성적인 사고를 하고 행동함으로써 한 인간으로서 보다 나은 삶을 추구하려 한다. 이러한 삶을 지향하는 원동력은 특히 예술가들에게는 분명한 지각력을 바탕으로 자신이 살아온 총체성에서 자신만의 세계를 드러내고자 한다. 그럼으로써 예술가만의 작품세계를 구축할 수 있고 이를 근간으로 한 개성을 표현할 수 있다.

그동안 김청수 시인이 보여준 시세계는 불교적 관념을, 자신의 체험을 구체화함으로써 독특한 시세계를 펼쳐왔다. 시집 『귀를 씻다』 역시 이러한 연장선상에서 보다 심화된 불교적 상상력을 구현하고자 한다. 물론 불교적 관념을 바탕으로 생명성에 관한 탐구, 가족사를 중심으로 한 연민과 깨달음을 시로 형상화시켰다.

『귀를 씻다』 기저에 흐르는 불교적 상상력의 원천은 시를 통해 짐작해 보건데, 그의 삶이 불교적 관념을 충실하게 실천하려는 모습을 보여주면서, 모든 사물을 불교적 관점에서 바라보고 사유하는 신념이 충만하다는 것을 쉽게 알 수 있다.

서정시는 시인의 삶이 지향하는 세계를 드러내기 마련이다. 그러므로 김청수 시인 또한 다양한 방법으로 자신이 추구하는 세계를 잘 조탁되고 절제된 언어를 통해 형상화되어 있다. 그렇다고 자신의 세계에 매몰되어 그의 시가 보편성을 비켜나가기 보다는 독자들에게 수긍하게 하고 공감하게 하는 설득력을 가졌다.

2.

우리민족의 핏톨에는 유교와 불교적 관념이 흐르고 있다. 유교, 혹은 불교라는 특정 신앙에 몰두한 사람이 아닐지라도 오랜 역사를 통해 삶의 근간에 앞에서 말한 두 가지 관념이 곳곳에 박혀있다. 설사 그것을 눈치 채지 못한다하여도 우리민족 개개인의 의식 속에 어떤 형태로든 내재해 있어 삶을 움직이는 기제로 작용하고 있다. 이처럼 뿌리 깊은 관념은 민족의식 형태로 존재하여 개인의 삶에도 영향을 미치게 마련이다. 김청수 시인 또한 마찬가지일터이지만, 특히 불교적 관념이 그를 정신세계를 지배하고 그의 삶을 움직이는데 커다란 힘으로 작용하고 있다. 불교가 궁극적으로 지향하는 지점은 비움의 세계, 혹은 무無에 이르는 것이다. 이번 시집의 표제작이기도 한 이 작품은 부처를 닮기 위한 수행의 한 과정을 드러낸 것이다.

> 팔공산 어느 암자에서 붉은 녹을 덮어쓰고
> 가슴에 멍이 든 채 앉아있는
> 철제 여래좌상을 오래 바라본 적 있다
>
> 실타래처럼 뒤엉킨 인생길에
> 웃음을 간직하며 희망을 잃지 않고
> 나를 다독이며 살아간다는 건
>
> 날마다 바람에 귀를 씻고
> 강물에 귀를 씻기 때문이다
>
> 오늘도 나를 닮은 부처가 강물에 오래 귀를 씻는다
>
> -「귀를 씻다」 전문

앞에서 밝힌 것처럼 김청수 시인의 시세계의 기저에는 불교적 세계관이 깔려 있다. 그러므로 매 시집마다 그것들이 시적 경향의 주류를 이룬다. 일상과 사물을 불교적으로 사유하고 해석해 온 것이 여태까지 그가 보여준 시세계였다. 이번 시집에서도 이러한 시편들이 많지만, 이전보다 보다 깊은 사유를 한다. 그리고 사유의 깊이와 함께 실천적인 시쓰기를 하고 있음이 두드러진다. "팔공산 어느 암자에서" "철제 여래좌상"을 오래 바라본 적이 있다고 한다. 그 불상에 주목하는 것은 "가슴에 멍이" 들었지만 미소를 잊지 않고 있기 때문일 것이다. "붉은 녹을 덮어 쓰고" 있는 불상의 시각적인 모습에서 화자는 가슴에 멍이 들었을 것이라고 생각한다. 그러므로 부처(불상)가 마치 '살아가는 일이 힘들지만 미소를 잃지 마라'고 하는 것처럼 느낀다. 그러나 "실타래처럼 뒤엉킨 인생길에/웃음을 간직하며 희망을 잃지 않고/나를 다독이며 살아간다는 건" 쉽지 않은 일이다. 그런데 팔공산 어느 암자의 가슴에 멍이 든 부처가 '웃음'과 '희망'을 잃지 않고 살아가라고 하는 것 같아 화자는 "날마다 바람에 귀를 씻고/강물에 귀를 씻기 때문이"라는 깨달음에 이른다. 화자는 세상에 난무하는 온갖 말들에 상처를 입고, 상처를 준다는 인식에 이르렀기 때문일 것이다. 그러므로 "오늘도 나를 닮은 부처가 강물에 오래 귀를 씻는다"고 하는 것이다.

'불두화佛頭花'는 꽃의 생김새가 부처의 머리를 닮았기 때문에 붙여진 이름이다. 불두화를 여인으로 의인화시킨 「불두화佛頭花」를 읽는다.

> 마당 한 귀퉁이
> 한 여인이 울고 있어
> 누구냐고

묻고 싶었으나
조심스러웠다

초록 치마,
비바람에 휩쓸리며
오체투지로 버티고 있었다

허연 머리 풀어 헤치고
고개 숙인 채,
어느 전생의 곡비哭婢소리는
길을 잃어,
길을 찾고 있었다

-「불두화佛頭花」 전문

김청수 시인은 그동안 의인법을 가끔 시에 적용해 왔다. 이번 시집에서는 의인법은 물론 활유법을 적극적으로 구사하여 시에 활력을 넣고 있다. 잘 알다시피 의인법은 사물에 인격을 부여하는 생명사상이 근본이다. 활유법 또한 무생물을 마치 살아있는 것처럼 표현함으로써 생명의 호흡을 불어넣는다.

이 작품에서는 의인화법을 구사함으로써 불두화를 한 여인으로 바라볼 수 있게 한다. "마당 한 귀퉁이"에 피어있는 불두화를 "한 여인이 울고 있"다고 한다. 꽃이 사람이 되는 순간이다. 그 여인은 "초록 치마,/비바람에 휩쓸리며/오체투지로 버티고 있었다"라고 묘사하는데,

실은 비바람에 꽃을 피운 불두화일 뿐이다. 그런데 의인화를 통해 '울고 있는 여인'이 되고, '온갖 시련을 겪은 여인'이 될 수 있는 것이다. 더불어 "허연 머리 풀어 헤치고/고개 숙인 채," 있는 모습이 마치 여인이 전생에 '양반집 장례 때 주인을 대신하여 울어주던 계집종'이었을 것이라는 생각에 이르른다. 그러므로 오늘은 불두화가 되어 비바람을 겪으면서 오체투지로 "길을 찾고 있"다고 한다. 여기에서 '길'은 '불두화'가 암시하듯 부처의 깨달음에 이르는 것이라고 생각할 수 있다. 시인은 마당가에 피어있는 꽃을 바라보면서 부처의 길을 생각하여, 이를 통해 자신이 가야 할 길을 모색하는 것이다.

「용연사 두꺼비」에서도 두꺼비를 의인화시켜 화엄의 세계에 들고자 하는 수행자로 형상화시키고 있다.

> 신록이 짙은 6월
> 적멸보궁 돌계단 올라가다보면
> 두꺼비 한 마리
> 법문 듣고 있다
>
> 전생의 업으로는
> 어디로도 돌아갈 수 없는
> 길 위에 앉아,
> 목탁 소리 듣고 있다
>
> 묵시의 저녁을 내려놓은 순례자처럼

용연사 깊은 그늘,
화엄 속으로 걸어 들고 있다

-「용연사 두꺼비」 전문

이 작품에서 '두꺼비'를 의인화시켰는지, 안 시켰는지는 별 의미가 없다. 의인화시킨 것으로 바라보면 두꺼비를 사람으로 바라보는 것일 뿐이지만, 의인화법을 사용하지 않았다면 '두꺼비'라는 미물조차 '순례자'로 인식하는 시인의 생각을 엿볼 수 있고, 그 두꺼비가 화엄에 들고자 하는 것을 말하고자 하는 시인의 생각의 깊이를 엿볼 수 있기 때문이다.

"신록이 짙은 6월/적멸보궁 돌계단 올라가다보면/두꺼비 한 마리/법문 듣고 있다" 이 작품에서 두꺼비가 실제의 두꺼비인지, 아니면 석물로 된 두꺼비인지는 확실하지 않다. 그러나 두꺼비가 법문을 듣고 있다는 것이 중요하다. 부처의 전신사리를 봉안한 당우인 적멸보궁에 이르는 돌계단으로서 법문을 듣는다는 것만으로도 부처의 말씀처럼 살겠다는 의지가 엿보인다. 두꺼비는 "전생의 업으로는/어디로도 돌아갈 수 없는" 존재이지만 목탁소리에 귀를 기울이는 행위 자체가 시적 화자에게는 '순례자'처럼 보여지고, 그럼으로 하여 "용연사 깊은 그늘,/화엄 속으로 걸어 들고 있다"는 인식에 이른다.

살펴본 것처럼 김청수 시인의 이번 시집에서 의인법은 시의 활력은 물론 생명성을 고조시키는데 큰 역할을

하고 있다.

「초록경草綠經」에서는 푸른 나무를 하나의 경전으로 바라봄으로써 나무를 바라보는 화자의 시선이 엄숙해지고 경건해진다. 「소쩍새」에서도 밤중에 우는 소쩍새 울음조차 경소리로 인식하여 "일억 오천만 년 전,/전생에 가장 즐겨/읽었던/소쩍경"이었다고 한다. 소쩍새 우는 소리를 통해 "내 업이 소멸을" 꿈꾸는 화자의 소망이 깃들어 있다.

「별빛 경전」 역시 새벽녘 쏟아지는 별빛조차 바라보면 화엄바다로 바라보는 시인의 시선에는 눈에 보이는, 혹은 귀에 들리는 사물과 사물들의 소리를 하나의 경전으로 인식하는 태도가 그의 삶의 자세를 보여주고 있다.

3.

불교에서 생명성은 매우 중요한 화두이며 가치이다. 살생을 금하고 있는 계율인 생명사상은 모두가 실천해야 할 덕목이다. 그래서였을까. 김청수 시인 시세계에서 생명성 탐구는 오래 천착하고 모색해 온 그의 시적경향이다. 오늘날 소비가 미덕인 산업사회에서 파생되는 생태환경에 대한 위기를 노래한 수많은 시인들의 시편들과는 다르게 생명의 본질은 탐구하고 있다.

햇살 맑은 오후
붉은 고추잠자리

날개의 포쇄를 시작하는데
숫 잠자리 날아와
암놈의 목을 낚아챈다

사랑이란 저렇게,
몸과 꼬리를 붉게 달구어
뜨겁게 불타는 것

사랑은 또 저렇게,
배꼽에서 일체가 되는 것

-「처서處暑」 전문

이 작품은 원초적 생명성에 대한 탐구를 잘 보여주는 시편이다. 붉은 고추잠자리가 여름장마에 눅눅해진 날개를 햇볕에 말리고 있을 때 숫 잠자리가 날아와 "암놈의 목을 낚아챈다" 매우 폭력적이고 과격한 행동으로 보일 수 있으나 격한 사랑의 행위를 강조하고자 일부러 거칠게 묘사하고 있다. 숫 고추잠자리의 본능과 번식을 위한 행위를 통해 생명성의 본질을 잘 드러내고 있다. 이러한 숫 잠자리의 행위를 화자는 "사랑이란 저렇게,/몸과 꼬리를 붉게 달구어/뜨겁게 불타는 것"이라고 한다. 고추잠자리는 본래 붉은 고추를 연상시키기 때문에 '붉다'라는 시각적 이미지가 작용하고 있는데, 그러나 화자는 "몸과 꼬리를 붉게 달"군다 라고 색채이미지와 사랑의 행위를 연관시키고 있다. 그러므로 '붉다'의

색채이미지와 '뜨겁다'의 감각적 이미지가 서로 만나며 사랑의 격렬함을 강조한다. 이러한 때가 '처서'인데, 처서란 24절기 중에서 여름을 벗어나기 직전의 시기이다. 이러한 시기에 자신들의 유전자를 닮은 새끼들을 번식시키기 위해 본능에 충실한 고추잠자리들의 사랑이 "배꼽에서 일체가 되는 것"이라는 시인의 상상력은 고추잠자리 암 수 두 마리의 하나됨, 즉 동일성을 보여주기도 한다.

「봄비」는 자신이 낳은 목숨을 함부로 버리는 사람들에 대한 질타와 함께 버려진 목숨을 거둬들이는 품 넓은 시인의 품성을 드러낸 작품이다.

늦은 밤,
축복처럼 봄비가 내리는데
비에 흠뻑 젖은 아이가
현관문 앞에 앉아 울고 있다

자식도 내질러 놓고
버리는 세상에
죽이지 않은 것만도
천만다행이다

인간 구실 못하는
개 같은 사람들이
버리고 간

강아지 한 마리

축복처럼 우리집에 와
'봄비'라고 이름지어 주었다

-「봄비」 전문

'봄비'는 생명을 재촉하는 시적 상징을 함의한다. 더불어 버려진 목숨에게 화자가 새로 지어준 이름이기도 하다. 봄비가 내리는데, 그것도 늦은 밤 "비에 흠빽 젖은 아이가/현관문 앞에 앉아 울고 있다". 어미에게 버림을 받았는지, 아니면 어떻게 어미와 헤어졌는지는 모르지만 화자의 현관문 앞에 울고 있는 강아지의 소리를 화자가 들었을 것이다. 언제부턴가 자신이 낳은 자식조차 버리는 비정한 모정을 우리는 매스컴을 통해 가끔 들어왔다. 강아지가 버려졌을 것이라고 여긴 화자는 "죽이지 않은 것만도/천만다행이"라는 생각한다. "인간구실 못하는/개 같은 사람들이/버리고 간/강아지"라고 단정한 화자는 강아지를 자신의 집으로 데리고 온다. 그리고 '봄비'라는 이름을 지어준다. 강아지의 이름을 지어준 것만으로도 화자가 강아지를 입양하여 키우겠다는 의지가 깃들어 있다. 그것도 생명을 의미하는 '봄비'가 "축복처럼 우리집에" 왔다고 한다. 생명경시풍조의 세태에서 생명을 귀하게 여기는 시인의 생명사상이 오롯하게 녹아나 있는 매우 의미있는 작품이다.

생명을 귀하게 인식하는 시인의 태도가 다음 작품에서는 생명으로 존재하는 것의 고단함을 묘파하고 있다.

어둠이 내린 강가
백로 한 마리 낮게 날고 있다

둘레 길을 따라 만보를 걷는 동안
홀로 오늘 밤 잠자리를 찾고 있는 듯
백로가 여기저기 기웃 거리며
갈대밭의 초인종을 누르고 있는 중이었다
노숙한 자들만이 느낄 수 있는
이윽고 저 고단한 하루의 노동을 쉴 수 있는
낡은 여인숙에 드는 걸 보았다

순간, 쓸쓸한 가을날 청춘의 스크린이
영화처럼 눈앞에 펼쳐졌다

오늘도 고단한 하루가 지나간다

-「강가에서」 전문

누군가는 생명을 지켜나가는 일을 '슬픔'이라고 하였다. 그만큼 살아가기 힘든 비극성이 깃들어 있다고 인식한 까닭이다. 저녁이 되면 대부분의 생명체들은 휴식을 위해 자신의 안식처로 깃든다. 사람도 저녁이 되면 집으로 향한다. 그런데 어두운 강가에서 백로 한 마리가 날고 있다. 때마침 화자는 강가의 길을 따라 걸으면서 백로를 발견한다. "홀로 오늘 밤 잠자리를 찾고 있는 듯/백로가 여기저기 기웃 거리며/갈대밭" 어디께에 있을지도 모르는 휴식처를 찾고 있다. 화자는 이러한 모습을 "노숙한 자들만이 느낄 수 있는" "고단한 하루의 노동을 쉴 수 있는/낡은 여인숙에 드는 걸 보았다"고 한다. 그런데 갈대밭 위를 날며 노숙할 거처를 찾는 백로의 모습에서 화자는 자신의 모습이 떠오른다. "쓸쓸한 가을날 청춘의 스크린이/영화처럼 눈앞에 펼쳐"진 것이다. 그러므로 노숙해 본 적이 있는 자신이 노숙, 즉 생의 슬픔을 알 수가 있다. 그래서 생명성을 지키고 보전하는 일이 어떤 것인지를 알기 때문에 "오늘도 고단한 하루가 지나간다"며 생명의 본질과 지난한 삶을 깊이있게 사색하는 것이다.

생명성을 탐구하는 김청수 시인의 작품에서 의인화법이 시의 이미지를 보다 명징하게 하고 더불어 생명성을 강조하는데 요긴하게 사용되고 있다. 「그놈을 놓치고 말았다」에서 '그놈'은 '달팽이' '송충이'로 한편으로는 '조폭들'이라고도 한다. 이처럼 '달팽이'와 '송충이'를 조폭이라고 함으로써 '그놈들'은 자신의 목숨 부지를 위해 '나무' '텃밭'에서 자라는 것들을 먹고 살아가는 행위를 강조하고 있다. 「유등연지」에서도 유등연지에 피어있는 연꽃들을 '분홍의 낭자들'이라고 하여 불교의 상징인 연꽃의 생명성과 아름다움을 노래하고 있다.

4.

다음은 김청수 시인의 가족사 시편이다. 그동안 펴낸 그의 시집에 자주 나타나는 시적경향이다. 뷔폰이 "문체는 그 사람 자신이다"고 하였듯이 필자는 "시는 그 시를 쓴 시인을 닮았다"는 말을 믿는다. 이는 시인이 겪은 삶과 현실을 담아내기 때문이다. 김청수 시인의 시편들 중에서 유독 가족사의 슬픔과 연민이 깃든 작품들이 매 시집마다 등장하는데, 이는 시인의 의식 속에 까마득한 날 저 세상으로 간 어머니와 여동생의 생각이 그의 의식 속에서 여전히 살아있기 때문이다. 여기에서 '살아있음'은 육친의 삶을 말하는 것이 아니라 정신적으로 함께 있다는 뜻이다. 죽었어도 죽지 않은 것은 자신의 삶과 함께하고 있다는 의미이다.

「몽유夢遊 같은 안부」에서 이를 잘 보여준다.

물고기가 열어 놓은 창문으로
붉은 태양이 세수할 때
그리움을 물고 새 한 마리 날아간다

어머니는 밤을 새운 고통 속에서
얼굴도 모르는 동생을
세상 밖으로 꺼내어 놓고

풍선의 바람처럼 빠져나가는 멈출 수 없는
붉은 혈血을 방바닥에 쏟을 때

할매는 마른 수건으로 닦았다

아침도 굶고 학교 간 형은
온종일 책상에 앉아
붉은 노을만 책상위에 그렸다

나는 울다가
할매의 마른 젖을 물고 잠들고

오늘도
붉게 반짝이는 강물에
엄마는 얼굴을 씻고 간다

- 「몽유夢遊 같은 안부」 전문

시의 제목처럼 화자는 마치 꿈속에서 보는 듯한 까마득한 수십 년 전의 기억을 되살린다. "어머니는 밤을 새운 고통 속에서/얼굴도 모르는 동생을/세상 밖으로 꺼내" 놓았다. 구체적으로 말하면 여동생을 산통 끝에 낳는다. 화자가 너무 어렸으므로. 더불어 동생이 일찍 죽었으므로 얼굴을 기억하지 못한다. 어머니는 "풍선의 바람처럼 빠져나가는 멈출 수 없는/붉은 혈血을 방바닥에 쏟을 때/할매는 마른 수건으로 닦았다" 산고 끝에 동생을 낳은 후 피범벅이 된 어머니와 산실을 할머니가 닦던 모습이 역력하다. 어머니가 죽고 동생마저 죽은 후 집안에는 어둠의 그림자가 드리워 우울하고 슬프다. 그러므로 "아침도 굶고 학교 간 형은/온종일 책상에 앉아/붉은 노을만 책상위에 그렸다". 이렇듯 시적 화자, 즉 김청수 시인은 오래된 슬픈 가족사이지만 왜 일생동안 그때 그 일이 잊혀지지 않고 생각나는 걸까. 사람은 특히 가족사의 우울하고 비극적인 사건에 대해서는 쉽게 잊혀지지 않는다. 정서적인 충격이 크기 때문에 그것이 트라우마가 되어 어떤 형태로든 반복적으로 나타나기 마련이다. 그러므로 어린 김청수 시인은 울다가 할머니의 마른 젖을 물고 잠들곤 했다. 그런데 이 작품에서 아침을 굶고 학교 간 형이 책상에 '붉은 노을'만 책상에 그리고, "오늘도/붉게 반짝이는 강물에/엄마는 얼굴을 씻고 간다"에서 보듯 '붉은 노을' '붉게 반짝이는 강물' 등 '붉은' 색채이미지가 자주 등장하는가. 어머니가 동생을 낳을 때 붉은 피를 흘렸던 것을 본 화자의 의식 속에서 '붉은 색'은 '슬픔'의 이미지로 깊게 각인되었기 때문이 아닐까. 그런 까닭에 이 작품의 서두에서도 "붉은 태양이 세수할 때"의 붉은 색채이미지가 시인의 의식 속에서 매우 예민하게 작용하는 것 같은 것으로 유추해 볼 수 있다.

앞에서 살펴보았듯이 김청수 시인의 가족사에는 일찍 세상을 떠난 어머니와 누이동생의 죽음으로 덧칠된 비극성을 보여준다. 그리고 그 비극성이 시인의 삶 속에서 여전히 시인의 의식 속에서 살아있다. 시인은 오래 전에 세상을 떠난 혈육의 죽음으로부터 여전히 자유롭지 못

함을 그의 시는 말해준다.

코로나19로 닫혔던,
해인사海印寺 산문山門이 열리던 날

동생과 엄마를 위하여 천도재를 올렸다
동생이 세상에 태어날 때
엄마는 하혈이 멈추지 않아
통증에 흔들리며 병원 침대에서
마지막까지 검붉은 꽃 뭉텅뭉텅 피워놓고
빈 가죽부대처럼 누워 있었다

그 비릿한 향기가
천상의 향기라는 걸 아무도 몰랐다

얼굴도 모르는 동생은 젖배 곯다 엄마 따라갔고
나는 울지 않았지만 봄날은 눈물 대신 꽃비를 뿌렸다

배고파 할머니 빈 젖통을 빨 때
측은지심惻隱之心의 젖은 눈빛

신묘장구대다라니와 금강경을 독송하며
위패에 눈길이 머무르는 순간,
묘한 기운의 바람이 앞을 지나갔다

하늘위로 반야용선 같은 구름이 둥둥 떠 있고
언젠가는 우리가 함께 만나야 한다는 사실을

이 또한 지나가야 한다는 사실을

- 「천도재薦度齋」 전문

천도재는 불교의 한 의식으로 죽은 자의 명복을 빌고, 영가靈駕로 하여금 악도를 놓고 선도로 지급하도록 기원하는 의식으로 7일만에 초재, 그리고 2재에서 6재를 거쳐 마지막 7재를 종재로 지낸다. 그러나 죽은 지 오래된 경우도 지내기도 한다. 김청수 시인에게 어머니와 동생의 죽음은 늘 그의 의식과 함께 해온 것으로 짐작된다. 코로나19의 역질로 문이 닫혔던 해인사가 마침내 산문이 열리던 날 화자는 어머니와 동생을 위하여 천도재를 올렸다.

김청수 시인이 이처럼 천도재를 자꾸 지내는 것은 어머니와 동생의 업장이 두텁다고 여기기 때문일 것이다. 앞에서 밝혔듯이 김청수 시인의 삶 속에 죽은 어머니와 동생이 세상에 존재하지 않지만 시인의 의식을 지배하고 있다. 그것은 동생을 낳기 위해 어머니는 하혈을 하고 산고로 병원 침대에서 검붉은 꽃 뭉텅뭉텅 피어놓고 마치 빈 가죽부대처럼 누워있는 모습이 시인의 의식 속에 여전히 살아서 시인의 삶의 일부분을 지배하고 있다. "그 비릿한 향기"는 피의 냄새였으며, 시인은 "천상의 향기"라고 하지만 '죽음의 냄새'이다. 그리고 동생은 배를 곯다가 어머니를 따라갔다. 어린 화자는 울지 않았다고 하지만, 그래서 "봄날은 눈물 대신 꽃비를 뿌렸다"라고 하지만, 슬픔은 어린 김청수 시인이 감당하기에는 너무나 큰 것이었다. 그리고 어머니 대신 할머니 빈 젖을 물었을 때 그것을 바라보는 할머니의 눈빛은 어떤 것이었을까. 김청수 시인은 시인이 되어 어머니와 동생을 잊지 못하고 그들을 위해 시를 쓰는 것은 그 행위 자체가 신묘장구대다리니와 금강경을 독송하는 것과 같다. 그리고 그가 "언젠가는 우리가 함께 만나야 한다는 사실"을 잊지 않기 때문에, 비극적인 가족사의 상처를 헤집으며 오래 아파하고 그리워하는 것이라는 생각이 든다.

어머니와 동생에 대한 위로는 그의 시편 여기저기에서 자꾸 나타난다. 이들의 죽음, 가족사의 비극을 하나의 업으로 인식하며 이를 소멸시킴으로서 시인 자신의 마음 속에도 평화와 안식이 깃들 것이라는 염원의 발현이 아닐 수 없다.

이밖에도 「백중」에서도 시인은 해인사 법기암을 다녀온다. 절간 우물가에 핀 부용화에서 어머니의 신혼이 현현하고 정원에 핀 분꽃에서 동생을 만나기도 한다. 불교적 관념과 상상력을 통해 이들을 다시 만나는 일은 이들의 혼을 위로하기 위함이다.

「보름달」에서는 어려서 어머니를 여윈 시인은 오랫동안 불러보지 못한 어머니를 보름달로 만나 가야산에서 무량법문하는 어머니의 가슴에 안기고 싶은 소망을 드러낸다.

「만월」에서도 보름달이 되어 무정설법無情說法 하시는

어머니를 바라본다. 「대견사에서」도 비슬산 산봉우리에 “하늘길 따라 우리 엄니,/분홍치맛자락 휘날리며 다녀가시”는 것을 본다. 이처럼 시인의 일상에서 쉬임없이 어머니를 만나는 것은 불교적 세계관을 통한 시인의 상상력에서 연유한다. 끊임없이 어머니와 동생을 만나면서도 그들의 영혼을 위로하고자 하는 시인의 마음이 드러내는 표정이기도 하다.

5.

지금까지 살펴보았듯이 김청수 시인의 시세계는 불교적 세계관을 통해 펼친 상상력과 이를 바탕으로 한 생태학적 생명관이 형상화, 그리고 어머니와 동생의 죽음으로 인한 시인의 정서적 충격을 드러낸 가족사를 이번 작품집에서도 천착하고 있다. 불교는 우리 민족 사상의, 또는 상상력의 시원이며 원천이다. 김청수 시인은 신실한 불자로서의 삶의 태도를 견지하며 시세계 또한 불교적 관념을 확장하고 있다고 여겨진다. 그럼에도 불구하고 그의 시는 시의 위의를 엄격하게 하여 시의 품격을 잃지 않는다. 오히려 시의 위상을 세워가고 있다.

특히 의인화를 잘 구사하여 시의 주제를 선명하게 하고 시에 활력을 넣고 있다. 그의 의인화법은 인간을 겸손하게 하고 자연과 사물에게 인격을 부여하고 있다는 측면에서 이번 시집이 거둔 큰 성과임이 분명하다.